AF125033

BEI GRIN MACHT SICH IHR WISSEN BEZAHLT

- Wir veröffentlichen Ihre Hausarbeit, Bachelor- und Masterarbeit

- Ihr eigenes eBook und Buch - weltweit in allen wichtigen Shops

- Verdienen Sie an jedem Verkauf

Jetzt bei www.GRIN.com hochladen und kostenlos publizieren

Bibliografische Information der Deutschen Nationalbibliothek:

Die Deutsche Bibliothek verzeichnet diese Publikation in der Deutschen National-
bibliografie; detaillierte bibliografische Daten sind im Internet über http://dnb.d-
nb.de/ abrufbar.

Impressum:

Copyright © 2018 GRIN Verlag
Druck und Bindung: Books on Demand GmbH, Norderstedt Germany
ISBN: 9783668853638

Dieses Buch bei GRIN:

https://www.grin.com/document/448937

Carolin Schricker

Gesunde Ernährung in Kindertagesstätten

GRIN Verlag

GRIN - Your knowledge has value

Der GRIN Verlag publiziert seit 1998 wissenschaftliche Arbeiten von Studenten, Hochschullehrern und anderen Akademikern als eBook und gedrucktes Buch. Die Verlagswebsite www.grin.com ist die ideale Plattform zur Veröffentlichung von Hausarbeiten, Abschlussarbeiten, wissenschaftlichen Aufsätzen, Dissertationen und Fachbüchern.

Besuchen Sie uns im Internet:

http://www.grin.com/

http://www.facebook.com/grincom

http://www.twitter.com/grin_com

Gesunde Ernährung in Kindertagesstätten

Carolin Schricker

Inhaltsverzeichnis

1 Ein Blick auf die Gesundheit – Gründe für eine gesunde Ernährung in der Kindheit

„Was Hänschen nicht lernt, das lernt Hans nimmermehr" – dieses alte Sprichwort ist für das Thema „gesunde Lebensweise" sehr aktuell. Welchen Geschmackssinn ein Mensch ausprägt, ob er gerne Milchprodukte oder Gemüse isst, sich gern bewegt oder ungern, wird in der frühen Kindheit angelegt. Oftmals bleiben einmal erworbene Gewohnheiten bis ins hohe Lebensalter bestehen, fast schon wie ein Ritual. Kinder sind in etwa bis zum Grundschulalter offen für Prägungen, weshalb der Gesundheitserziehung eine zentrale Rolle zukommt [1].

„Wenn Kinder lernen, was gesunde Ernährung heißt, wie wichtig es ist, sich viel zu bewegen, Verantwortung für seinen Körper und seine Gesundheit zu übernehmen, so schafft dies eine gute Basis." [2]. Übergewicht zeigt sich gerade in den Einschulungsuntersuchungen der Vorschulkinder und gewinnt seit Jahren an Zuwachs schreibt das Bayerische Staatsministerium für Arbeit und Soziales, Familie und Integration und das Staatsinstitut für Frühpädagogik weiter. Eltern fällt oft ein Gewichtszuwachs nicht so sehr auf, weil sie ihre Kinder täglich sehen, einige empfinden ein paar Pfunde zu viel als nicht dramatisch. Ist ein Übergewicht einmal ausgeprägt und manifestiert, kann es zur Beeinträchtigung des Wohlbefindens sowie der körperlichen Leistungsfähigkeit aber auch zu Diabetes mellitus Typ 2 führen [3]. Diabetes mellitus Typ 2 „[...] ist heute die häufigste Stoffwechselerkrankung bei Kindern." [4]. Aber auch Sucht und geringe Stressresistenz haben Ihren Ursprung oft im frühen Kindesalter schreibt Reichert-Garschhammer [5].

Aufgrund jener beispielhaften Erkrankungen, welche wie oben beschrieben, jedes Jahr zunehmen, ist es um so bedeutsamer sich bereits im Kindesalter auf die Gesundheit zu konzentrieren. Gesundheit als „...eine wesentliche Bedingung für soziale, ökonomische und persönliche Entwicklung und ein entscheidender Bestandteil der Lebensqualität." [6]. Daraus lassen sich die Bildungs- und Erziehungsziele in bayerischen Tageseinrichtungen ableiten, welche elternunabhängig ein „[...] gesundheitsbewußtes Leben [...]" [7] sowie ein „[...] gesundheitsförderndes Verhalten [...]" [8] fördern. Ein Schwerpunkt dieser Bildungs- und Erziehungsziele ist die Ernährungsbildung, sie ist ein Kernthema in Kindertageseinrichtungen. „Essen als pädagogisches Angebot" – dieser Aspekt ist heute

---

[1] Grünewald-Funk, 2011, S. 17
[2] Bayerisches Staatsministerium für Arbeit und Soziales, Familie und Integration, Staatsinstitut für Frühpädagogik, 2017, S. 361
[3] ebd.
[4] ebd.
[5] Reichert-Garschhammer, 2011, S. 53
[6] Bayerisches Staatsministerium für Arbeit und Soziales, Familie und Integration, Staatsinstitut für Frühpädagogik, 2017, S. 360
[7] Bayerisches Staatsministerium für Arbeit und Soziales, Familie und Integration, Staatsinstitut für Frühpädagogik, 2017, S. 362
[8] ebd.

sehr zu gewichten, um frühzeitig Ernährungsfehlern und ungünstigen Essgewohnheiten entgegenzuwirken."[9].

„In der frühen Kindheit [...] wird die kognitive, psychische und soziale Entwicklung durch Gesundheit und Wohlbefinden nachhaltig beeinflusst. Armut, familiäre Problemlagen [...] oder Benachteiligungen jeglicher Art stellen eine große Bedrohung für die kindliche Gesundheit dar."[10] Dies begründet allumfänglich die Notwendigkeit der Gesundheitsförderung in der frühen Kindheit. Beschäftigt sich eine Kindertagesstätte bewusst mit dem Thema Gesundheitsförderung und sieht die dazugehörigen Themen „Ernährung", „Bewegung" und „Entspannung" nicht als zusätzliches Angebot, können nicht nur die Kinder davon profitieren, sondern auch die pädagogischen Fachkräfte und die Eltern.[11] Kinder einer solchen Kindertagesstätte „[...] entwickelten ein stärkeres Bewusstsein für einen gesunden Lebensstil."[12] Sie aßen mehr Obst und Gemüse, erfuhren ihre Selbstwirksamkeit durch das Zubereiten von Speisen sowie den Genuss und die Bewusstheit des Essens und waren unbekannten Lebensmitteln gegenüber aufgeschlossener. Durch die angebotene Gesundheitsförderung erlernten die Kinder die Bedeutung des eigenen Wohlbefindens.[13]

Pädagogische Fachkräfte wurden sich ihrer „[...] Vorbildfunktion bewusster [...] und leben [...] den Kindern einen gesunden Lebensstil in der Kita noch bewusster vor."[14] Die Eltern konnten für die Themen „Ernährung", „Bewegung" und „Entspannung" stärker sensibilisiert werden und koppelten eine hohe Zufriedenheit über die Aktivitäten der Kindertagesstätte sowie deren Informationsangebote rück.[15] Sind Elternschaft und pädagogisches Personal von gesundheitsfördernden Maßnahmen für die Kinder überzeugt, trägt sich dies auch an die Kinder positiv weiter.

2 Gesunde Ernährung in Kindertagesstätten – Möglichkeiten und Chancen

„Im Kita-Bereich können Präventionsmaßnahmen zur Förderung eines gesunden Lebensstils langfristige Wirkungen für den gesamten Lebenslauf der Kinder entfalten. Hier werden nahezu alle Kinder erreicht und frühzeitig und unmittelbar Impulse für den Ernährungs- und Bewegungsalltag der Kinder gesetzt."[16]

---

[9] Bayerisches Staatsministerium für Arbeit und Soziales, Familie und Integration, Staatsinstitut für Frühpädagogik, 2017, S. 369
[10] John, 2011, S. 82
[11] Pfütze, Wesling, Hammerbacher, 2011, S. 78
[12] ebd.
[13] Pfütze, Wesling, Hammerbacher, 2011, S. 78 - 79
[14] Pfütze, Wesling, Hammerbacher, 2011, S. 79
[15] ebd.
[16] Lambeck, 2011, S. 13

Eine Internetrecherche nach Kindertagesstätten, mit einer auf gesunde Ernährung ausgerichteten Konzeption, hat ergeben, dass diese sich konzeptionell untereinander ähneln und einer großen Vielfalt an Gestaltungsmöglichkeiten bedienen. So leisten sich Kindertagesstätten eine eigene Köchin oder Hauswirtschaftskraft, die das warme Mittagessen frisch vor Ort zubereitet. Dabei ist den meisten Einrichtungen Regionalität, Saisonalität, Vollwertigkeit der Lebensmittel sowie Fleischqualität wichtig. Die Unterstützung der regionalen und saisonalen Lebensmittel spricht auch für eine hohe Umweltsensibilität. Denn kürzere Transportwege schonen die Umwelt, aber auch die Müllmenge, da keine aufwendigen Verpackungen nötig sind.

Den meisten Kindertagesstätten ist es wichtig, dass die Kinder an der Zubereitung der Speisen beteiligt werden. Weitere Partizipationsmöglichkeiten ergeben sich bei der Gestaltung der Speisepläne oder der Lebensmittelauswahl, beispielsweise durch ein Buffet, bei dem sich die Kinder selbst aussuchen dürfen, was und wie viel sie essen möchten. Bindet man Kinder in die Gestaltung der Tischdekoration und die Bestimmung des Tischspruches mit ein, lässt man sie an der Art und dem Umfang des Wohlfühlens zu Tisch teilhaben.

Einige Einrichtungen legen in ihrer Konzeption Wert auf eine ruhige Essatmosphäre, auf ein ausreichendes Zeitfenster zur Nahrungsaufnahme sowie auf eine ernährungsbildende Begleitung zu Tisch. Eine Kindertagesstätte bildet seine Kinder während des Essens weiter, indem die pädagogischen Mitarbeiter etwas zur Herkunft und der Zusammensetzung der Lebensmittel erklärt, die von den Kindern verzehrt werden. Somit wird das Interesse an Lebensmitteln und gleichzeitig ein Bewusstsein für die einzelnen Zutaten geweckt. Die Zusammenarbeit mit den Eltern ist allen hier betrachteten Kindertagesstätten sehr wichtig, weil sie dadurch die Kontinuität der Gesundheitsbildung auf die Zeit daheim bei den Eltern ausweiten können.

Einige Einrichtungen, aber gerade die in den Großstädten, bieten für die Kinder mit Nahrungsmittelunverträglichkeiten und Allergien, aber auch denen mit religiösem Hintergrund eine Kostzusammenstellung an, die für sie verträglich bzw. stimmig ist. Dies stellt einen hohen Aufwand dar, ist jedoch von immer größerer Bedeutung, um Kinder zu inkludieren, die unter den oben genannten Einschränkungen leiden. Des weiteren ist einigen Kindertagesstätten das Essen von Porzellan- und Glasgeschirr, das Einlegen eines „Schlemmertages" pro Monat, dem Aushängen des Speiseplanes auf Kinderaugenhöhe (abgebildet in Bildern), dem Suchen eines Tischkameraden bevor es in den Speiseraum geht oder das vorherige Anrichten aller verwendeten Zutaten (roh) in Menüform (zum Probieren, Anfassen und Sehen) wichtig. [17] [18] [19] [20]

[17] Kita am Fliess, 2018
[18] Kita Josefinum, 2018
[19] Kita-Verbund Kleinmachnow, 2018

Die unten angehangene Abbildung zeigt am Beispiel von knapp 1000 befragten Kindertagesstätten, welche Zubereitungsform sie für ihre Mittagsverpflegung zumeist wählen. Die meisten Kindertagesstätten wählen die „cook-and-hold"-Methode, bei der ein Zulieferer das Mittagessen vorkocht und es dann in Warmhaltebehältern ausgeliefert wird. Bei dieser Methode geht allerdings die Nährstoffqualität und der Geschmack der Speisen im größten Maß verloren. Am zweithäufigsten bedienen sich Kindertagesstätten der „cook-and-serve-Methode", bei der eine Köchin oder Hauswirtschaftskraft das Mittagessen selbst kocht und sich nur einiger Lebensmittel im tiefgekühlten Zustand bedient. Diese Methode hält die Nährstoffqualität und den Geschmack aufgrund der zeitnahen Ausgabe auf dem höchsten Level. Auf dem vorletzten Platz liegt die „cook-and-freeze-Methode" bei der das Mittagessen vom Zulieferer gekocht und sofort tiefgekühlt wird. Diese Methode kann nur in Kindertagesstätten mit eigenem Tiefkühlraum realisiert werden. Die Nährstoffe bleiben gut enthalten, der Geschmack bleibt bestehen, jedoch ist die Produktvielfalt durch das Einfrieren eingeschränkt. Auf dem letzten Platz landet die „cook-and-chill-Methode". Hier wird das gekochte Mittagessen langsam auf Kühlschranktemperatur herunter gekühlt und an die Kindertagesstätten ausgeliefert. Der Geschmack bleibt sehr gut erhalten und die Nährstoffqualität der Lebensmittel gut bestehen. Auch hier benötigt der Empfänger einen großen Kühlraum, um diese Methode nutzen zu können. [21]

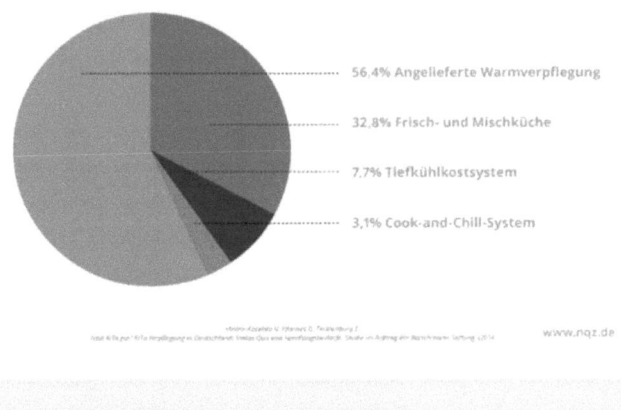

Abb. 1: Verteilung der Verpflegungssysteme in deutschen Kindertagesstätten [22]

[20] katholische Kindertagesstätte St. Martin, 2018
[21] Amt für Ernährung, Landwirtschaft und Forsten Würzburg, 2015, S. 9
[22] Nationales Qualitätszentrum für Ernährung in Kita und Schule, 2018

3 Wodurch kann ein Gesundheitsbewusstsein bei Kindern hinsichtlich einer gesunden Ernährung in Kindertagesstätten gefördert werden

3.1 Gesundes Frühstück

„Das Frühstück ist die wichtigste Mahlzeit des Tages" heißt es in einem bekannten Sprichwort, jedoch gibt es viele Kinder und Eltern, die morgens ohne Frühstück das Haus verlassen. In Kindertagesstätten und Schulen lässt sich ein elternunabhängiges Frühstücks-Angebot (z.B. Frühstücksbuffet) organisieren oder das von daheim Mitgebrachte durch Rohkost (Obst und Gemüse) aufwerten. Somit können eher ungünstige Essgewohnheiten, welche aus dem Elternhaus stammen, ausgeglichen werden. [23] „Beim gemeinsamen Frühstücksangebot in der Kita können Kinder intensiver mit einer ausgewogenen Ernährung vertraut gemacht werden [...] üben sich in der Zubereitung kleiner Speisen und erweitern über das Probieren ihre Geschmackswahrnehmung. Diese Erfahrungen wirken über die Kinder auch in die Familie hinein." [24]

3.2 Bildungspartnerschaft

Zum Besten der Kinder sollten pädagogische Fachkräfte der Kindertagesstätten mit den Eltern der jeweiligen Kinder zusammenarbeiten. Beide Seiten prägen den Lebensstil der Kinder aufgrund der miteinander verbrachten Zeit maßgeblich und können zur Gesundheitsförderung beitragen. In Bildungs- und Erziehungsvereinbarungen übernehmen vermehrt Elternhaus und Kindertagesstätte die gemeinsame Verantwortung für unterschiedliche Bildungsbereiche. [25] „Elternpartnerschaft soll im Folgenden sowohl als Reflexion und Veränderung des elterlichen Erziehungsverhaltens (angestoßen durch die Kita) als auch als Abstimmung der Erziehung in der Kita (zwischen Eltern und pädagogischen Fachkräften) verstanden werden. Elternpartnerschaft ist ein elementarer Bestandteil der pädagogischen Arbeit. Sie gelingt durch Dialog und Kooperation." [26] Zumeist ist der Wunsch des Elternhauses sowie der pädagogischen Fachkräfte nach Gesundheit der Kinder der gemeinsame Nenner, der beide Seiten zusammenbringt. Es gibt vielerlei ähnliche Anknüpfungspunkte, aber auch Themenfelder seitens der Eltern, welche zu beachten sind. Diese sind individuelle Bedürfnisse (wie z.B. vegane Kost), Interessen, Einstellungen (z.B. zuckerarme/zuckerfreie Kost), Gewohnheiten (z.B. milchproduktfreie Kost), religiöse und

---

[23] Hammerbacher, 2008, S. 22
[24] Hammerbacher, 2008, S. 22 - 23
[25] Eichner, 2011, S. 43
[26] ebd.

kulturelle Einflüsse (wie z.B. Meidung von Schweinefleisch) sowie unterschiedliche Erziehungsstile (z.B. Naschverhalten, Betonung von Bio-Lebensmitteln). [27] „Somit steht eine funktionierende Elternpartnerschaft im Bereich der Gesundheitsförderung vor der Herausforderung, diese individuellen Anforderungen im Rahmen eines Gesamtkonzeptes zu berücksichtigen." [28] Idealerweise werden Eltern bereits beim Aufnahmegespräch über die Konzeption sowie die Ziele der Gesundheitsförderung, die das pädagogische Personal zusammen mit den Eltern erreichen möchte, aufgeklärt. Die Aktivitäten der Kindertagesstätte sollten stets nachvollziehbar und verständlich sein und wenn möglich öffentlich (z.B. im Rahmen einer Informationstafel) bekannt gemacht werden. So kann es gelingen der Elternschaft Anknüpfungspunkte für das eigene Handeln zu reichen. Dies kann durch gemeinsame Erlebnisse mit den Kindern in der Kindertagesstätte verstärkt werden. Hier bieten sich beispielsweise Kochabende oder Bewegungsaktivitäten an. [29]

3.3 Ernährungsbildung

Kindertagesstätten haben neben der Erziehung und der Betreuung der Kinder auch einen Bildungsauftrag. Hierzu zählt auch die Ernährungsbildung. Da die Geschmacksbildung und die Prägung des Ernährungsverhaltens in den ersten Lebensjahren angelegt werden, sind eine Gesundheitsförderung und eine Ernährungsbildung in den Kindertageseinrichtungen sehr essenziel. [30] "Mit einem entsprechenden pädagogischen Angebot werden Handlungskompetenzen und gesundheitsgerechte Verhaltensweisen gefördert. [...] Ziel der ernährungspädagogischen Arbeit ist es, Kinder zu einem selbstbestimmten und eigenverantwortlichen Umgang mit Essen und Trinken zu befähigen." [31]

Inspiriert von den Fragen der Kinder, kann in einer Kindertagesstätte tagesbegleitend regelmäßig Ernährungsbildung angeboten werden. Es gibt die Möglichkeit die Kinder in Alltags-Situationen, die die Ernährung betreffen, miteinzubeziehen, Angebote oder Projekte durchzuführen. Kinder fragen z.B. „Warum soll ich trinken?", „Wo kommt das Lebensmittel her?", „Wie wird ein bestimmtes Gericht zubereitet?" und vieles mehr. Zu jenen Fragen gibt es in einer Kindertagesstätte zahlreiche praktische Ansatzpunkte und Möglichkeiten, welche kurz erläutert werden sollen. [32]

---

[27] Eichner, 2011, S. 44-45
[28] Eichner, 2011, S. 45
[29] ebd.
[30] Deutsche Gesellschaft für Ernährung e.V., 2011, S. 29
[31] ebd.
[32] Grünewald-Funk, 2011, S. 21

Die Vielfalt der Lebensmittel kennenlernen:
Die Palette der bisher bekannten Lebensmittel kann, beispielsweise durch ein von der Kindertagesstätte angebotenes Frühstück oder einem konkreten Thematisieren (z.b. „Was sind Milchprodukte"), zusammen mit anderen Kindern erweitert werden. Dabei werden alle Sinne angesprochen und vor allem der Geschmackssinn verfeinert.[33]

Regelmäßige Tagesabläufe, Rituale, Routinen:
Diese werden für die Gesundheitsförderung zunehmend wichtiger. Wie eingangs beschrieben erhöht sich die Anzahl übergewichtiger Kinder stetig, wodurch eines der Hauptziele der Ernährungsbildung die Vermeidung eines entstehenden Übergewichtes ist. Dies wird möglich, wenn mit Kindern regelmäßig und zu festen Essenszeiten gemeinsam gegessen wird. Dabei ist die Vermittlung von festen Abläufen, wie Hände waschen, Tisch decken und abräumen genauso wichtig, da sie sich daran orientieren können. Die dazugehörigen Regeln und Rahmenbedingungen soll hierbei das pädagogische Team schaffen. [34] „Seine erzieherische Begleitung bei Tisch stärkt die Kinder bei der selbstständigen Auswahl von Lebensmitteln, beim Probieren neuer Speisen, im Umgang mit Geschirr und Besteck und vielem mehr. Tischsitten und ein einladendes Ambiente machen die Mahlzeiten für alle zu einem angenehmen Erlebnis." [35]

Unterschiedliche Kulturen kennenlernen:
In einer Kindertagesstätte treffen zunehmend unterschiedliche Religionen und kulturelle Abstammungen aufeinander. Alle bringen eine Vielzahl an Bräuchen und Essgewohnheiten mit. Der Eine isst mit Stäbchen, der Andere mit Fingern. Einer isst gern scharf, der Andere kein Schweinefleisch. Diesen kulturellen Mix kann man sich im pädagogischen Alltag zu Nutze machen, um besondere Lebensmittel und Gewürze kennenzulernen und ihnen eine gewisse Wertschätzung zu geben. [36]

3.4 Resilienz fördern

„Unter Resilienz versteht man „eine psychische Widerstandsfähigkeit von Kindern gegenüber biologischen, psychologischen und psychosozialen Entwicklungsrisiken."" [37] Diese Entwicklungsrisiken, auch Risikofaktoren genannt, können im Kind selbst angelegt sein, aber auch von Außen einwirken. So sind Defizite des Kindes, erlebte Traumatas oder ungünstige Familienverhältnisse (Armut, Abhängigkeiten, ungünstiges Erzieherverhalten) mögliche

---

[33] Grünewald-Funk, 2011, S. 21
[34] Grünewald-Funk, 2011, S. 21-22
[35] Grünewald-Funk, 2011, S. 22
[36] ebd.
[37] Wustmann-Seiler, 2004, S. 18

Faktoren, die destruktiv auf die Psyche Einfluss nehmen können. Nicht selten treten solche Schwierigkeiten außerdem gebündelt auf, was wiederum ein noch höheres Risiko für Entwicklungsrisiken mit sich bringt. Hier gilt es als pädagogisches Fachpersonal diesen Kindern Lösungsmöglichkeiten für entstandene Probleme aufzuzeigen und Ihnen ein selbstbewusstes und selbstwirksames Vorbild zu sein.

Weiterhin gilt es allen Kindern, denn resiliente Kinder können im Lauf des Lebens durch bestimmte Ereignisse ihr psychische Widerstandsfähigkeit verlieren, im Rahmen der Schaffung des Gesundheitsbewusstsein Struktur und Selbstwirksamkeit zuteil werden zu lassen. Struktur wird ganz nebenbei durch die Mahlzeitenfrequenz, die Tischsitten und die dazugehörige Hygiene täglich beigebracht. Durch gegebene Struktur werden Kinder unter anderem in ihrer Persönlichkeit gestärkt. [38] „Dies sind wichtige Voraussetzungen für die Entwicklung eines positiven Selbstkonzeptes sowie einer hohen Selbstbewertung und stellen damit Schutzfaktoren für das Kind dar." [39]

Selbstwirksamkeit kann ganz gezielt in Angeboten vermittelt werden, bei denen dies im Mittelpunkt steht. [40] Hierzu zählen Angebote, bei denen mit den Kindern gebacken und gekocht wird – verallgemeinert dargestellt: die Kinder mit ihren eigenen Händen Zutaten zu einer wohlschmeckenden Speise verarbeiten. [41] „Kinder, die im Verlauf ihrer Entwicklung ihr soziales Umfeld als vertrauenswürdig und berechenbar und sich selbst im sozialen Kontakt als liebenswert und wertvoll erleben und die durch die Möglichkeit aktiver Mitwirkung und Mitgestaltung im Alltag auch die Erfahrung von Selbstwirksamkeit machen können, haben günstige Voraussetzungen für die Entwicklung ihres Gesundheitspotenzials." [42]

„Ein Mensch befindet sich in einem gesunden Gleichgewicht, wenn es ihm gelingt, auf die vielen körperlichen, geistigen und sozialen Anforderungen mit Hilfe gut ausgebildeter persönlicher Ressourcen zu reagieren." [43]

5 Mögliche Folgen für die Entwicklung eines Kindes durch ungesunde Ernährung

„Die Ernährung von Kindern und Jugendlichen muss nicht nur den Bedarf an Energie und essenziellen Nährstoffen decken, sondern auch die heute bekannten Erfordernisse der Prävention der sog. Zivilisationskrankheiten berücksichtigen." [44] Diese sind beispielsweise Diabetes mellitus Typ 2, Adipositas, Osteoporose usw. und werden vorrangig durch eine

---

[38] Jaszus, Büchin-Wilhelm, Mäder-Berg, Gutmann, 2014, S. 161-164
[39] Jaszus, Büchin-Wilhelm, Mäder-Berg, Gutmann, 2014, S. 164
[40] ebd.
[41] Bayerisches Staatsministerium für Arbeit und Soziales, Familie und Integration, Staatsinstitut für Frühpädagogik, 2017, S. 370
[42] Schlack, Brockmann, 2014, S. 154
[43] Grünewald-Funk, 2011, S. 17
[44] Kersting, Przyrembel, 2014, S. 237

langjährige überreichliche fett- und kohlenhydratbetonte, aber wenig pflanzliche Lebensmittel und ballaststoffarme Ernährung hervorgerufen. Da bereits im Kindesalter Frühsymptome einiger oben genannter Krankheiten nachweisen lässt, wurden für Kinder und Jugendliche international übereinstimmende Ernährungsempfehlungen erlassen. [45] Die Folgen eines Vitalstoff- und Energiemangels sowie –überangebotes werden nachfolgend kurz erläutert.

5.1 Folgen einer Mangelernährung

Eine Mangelernährung liegt vor, wenn eine unterkalorische Ernährung zugeführt wird oder der Organismus durch bestehende Erkrankungen trotz kalorischem Überschuss nicht alle zugeführten Kalorien verwerten kann. Des Weiteren führt auch eine defizitäre Menge an Vitalstoffen, das heißt Vitaminen und Mineralstoffen, zu einer Mangelernährung. [46]

Eine Begleiterscheinung der Mangelernährung ist das Untergewicht, welches bei Kindern zu Gedeihstörungen führen kann. Kröner und Koletzko nennen hier unter anderem ein eingeschränktes Längen- und Kopfwachstum, eine verzögerte Pubertätsentwicklung, eine eingeschränkte mentale Entwicklung sowie sekundäre Immundefekte [47]. Eine mögliche Ursache für Untergewicht ist die verminderte Nahrungszufuhr, die durch Nahrungsmangel (z.B. Armut, Vernachlässigung), Fehlernährung (z.B. Diäten) oder psychosoziale Probleme herbeigeführt werden kann.

Zwei weitere Gründe können zum einen ein exzessiver Kalorienverbrauch sein sowie eine gestörte Nahrungsresorption sein [48]. Beide Ursachen sind auf Erkrankungen zurückzuführen, welche nicht Gegenstand dieser Facharbeit sein sollen.

5.2 Folgen einer Überernährung

Liegt eine über einen längeren Zeitraum anhaltende überkalorische Ernährung vor, entsteht Übergewicht. Zumeist ist diese Überernährung kombiniert mit deutlichem Bewegungsmangel, so dass ein Energiedefizit nie herbeigeführt werden kann. Aus einem entstandenen Übergewicht kann sich eine Adipositas manifestieren, welche klar abzugrenzen ist von Adipositaserkrankungen, die aufgrund genetischer oder hormoneller Vorbelastung entstanden sind [49]. Kröner und Koletzko schreiben weiter, dass bei Kindern mit bestehender Adipositas nicht selten eine „[...] psychosoziale Belastung (wenig Zuwendung, emotionale Spannung, Ersatzbefriedigung Essen, Ablehnung durch Altersgenossen, weitere

---

[45] Kersting, Przyrembel, 2014, S. 237
[46] Lentze, 2014, S. 256
[47] Kröner, Koletzko, 2010, S. 56
[48] Kröner, Koletzko, 2010, S. 55
[49] Kröner, Koletzko, 2010, S. 56

Isolation, Frustration)." [50] besteht. Des Weiteren können eine veränderte Pubertätsentwicklung, eine eingeschränkte Fertilität, ein erhöhtes Krebsrisiko, Hautveränderungen und vieles mehr die Folge von Übergewicht und/oder Adipositas sein. [51]

6 Praktische Umsetzung einer gesunden Ernährung für Kinder in einer Kindertageseinrichtung

„Aufgabe der KiTa ist es nicht, übergewichtige und adipöse Kinder zu therapieren. Für die Kinder gilt in der KiTa das gleiche wie für andere Kinder auch: viel Bewegung und genussvolle und gesundheitsförderliche Speisen." [52] Das pädagogische Fachpersonal sollte Kindern mit Essproblematiken Hilfe zur Selbsthilfe geben, so dass weder die Ursachenforschung dafür noch die Problematik selbst in den Fokus gerückt wird. In Kindertagesstätten sollte sich die Zeit genommen werden, Kinder zu einer gesunden, bewussten Ernährung und zu einem ausdauernden Bewegungsverhalten hinzuführen. Dies erfordert Wiederholung, Empathie und geschaffene Möglichkeiten. [53] Nachfolgend sollen einige Möglichkeiten zur Ernährungsbildung aufgezeigt werden.

6.1 Gemeinsamer Lebensmitteleinkauf

Bei einem gemeinsamen Lebensmitteleinkauf haben die Kinder die Möglichkeit in den Versorgungsablauf eingebunden zu werden. Indem sie die Lebensmittel einkaufen, die benötigt werden, erledigen sie etwas für die Gemeinschaft und übernehmen in einigen Rollen auch Verantwortung.
Ein Einkauf in einem Supermarkt sollte mit der gemeinsamen Gestaltung eines Einkaufszettels vorbereitet werden. Gestalterisch ist es möglich aus unterschiedlichen Werbeblättern einzelne Lebensmittel auszuschneiden (z.B. Tetrapack Milch, Bund Petersilie, Packung Eier usw.), auf ein Blatt Papier zu kleben und daneben gezeichneten Punkten die benötigte Anzahl zu vermerken. Durch das Herstellen eines eigen gestalteten Einkaufszettels wird die Feinmotorik [54] gefördert, durch das bildgestützte, nahezu eigenständige Suchen der Lebensmittel im Supermarkt die Selbstwirksamkeit [55]. Während des Einkaufes sollten den Kindern einfache Sachverhalte gelernt und begründet werden, wie zum Beispiel: die Unversehrtheit der Eier in der Verpackung kontrollieren, eine Eierpackung

[50] Kröner, Koletzko, 2010, S. 57
[51] Wabitsch, 2014, S. 252
[52] Methfessel, Höhn, Miltner-Jürgensen, 2016, S. 133
[53] ebd.
[54] Bayerisches Staatsministerium für Arbeit und Soziales, Familie und Integration, Staatsinstitut für Frühpädagogik, 2017, S. 48
[55] Bayerisches Staatsministerium für Arbeit und Soziales, Familie und Integration, Staatsinstitut für Frühpädagogik, 2017, S. 45

stets vorsichtig tragen; warum Joghurt im Kühlregal zu finden ist; welcher Unterschied zwischen pasteurisierter Milch aus dem Kühlregal und homogenisierter Milch besteht usw. Kinder sollten unter Anleitung selber bezahlen dürfen und beim Lebensmittel tragen in die Kindertagesstätte eingebunden werden. Auch dies fördert die Selbstständigkeit, aber auch die Selbstwirksamkeit.

6.2 Backen eines Brotes

Bei der gemeinsamen Lebensmittelherstellung erfahren Kinder vor allem, wie viel Aufwand dahinter steht. Dies ermöglicht die Wertschätzung von Lebensmitteln.

Bei dem Backen eines Brotes sollte jedes Kind mit seinen eigenen Händen Arbeitsschritte mitgestalten dürfen. Zu Beginn sollten alle benötigten Zutaten besprochen werden, hier dürfen die Kinder ihr Wissen zeigen oder dazulernen. Durch die Vermengung und Formung des Teiges werden die feinmotorischen Fähigkeiten [56] gefördert, aber auch der Tastsinn beansprucht. In einer reflektierenden Abschlussrunde kann mit den Kindern besprochen werden wie sich der Teig angefühlt hat, ob er trocken oder nass war und ob er kalt oder warm war. [57] Außerdem kann die Arbeit und Mühe besprochen werden, die es brauchte, um einen Teig glatt zu kneten und zu formen. Die Kinder sollten nach den einzelnen Phasen der „Teigruhe" wieder dazu geholt werden, um den Reifeprozess der Gärung zu verfolgen, aber auch wie das Brot nach Ende des Backvorganges aussieht und duftet. An dieser Stelle wird die Selbstwirksamkeit [58] gefördert, weil die Kinder sehen, dass sie es waren, die ein köstliches Brot entstehen lassen haben.

Zum Schluss darf noch eine warme Scheibe Brot mit Butter zum probieren verteilt werden. Hier werden letztlich der Geschmackssinn und der Genuss geschult.

6.3 Selbstverpflegung in Kindertagesstätten

„Essen und Trinken hat in der Kindertageseinrichtungen [...] eine große Bedeutung. Da heute viele Kinder auch die Mittagszeit in der Kita verbringen, gehört ein warmes Mittagessen auch zum Kita-Alltag." [59] Jede Kindertagesstätte, die ihre Verpflegungsform ändert, um oder neu baut oder gar erstmalig Mittagsverpflegung anbietet, überlegt, ob sie selbst kochen will oder das Essen geliefert werden soll. Dabei hat eine Frischküche eine ganze Menge an Vorteilen. Die frisch gekochten Speisen behalten durch die kurzen Standzeiten und die ausbleibenden Transportwege ihre Nährstoffqualität. Die bei der Zubereitung der Speisen verwendeten

---

[56] Bayerisches Staatsministerium für Arbeit und Soziales, Familie und Integration, Staatsinstitut für Frühpädagogik, 2017, S. 48
[57] Jaszus, Büchin-Wilhelm, Mäder-Berg, Gutmann, 2014, S. 344
[58] Bayerisches Staatsministerium für Arbeit und Soziales, Familie und Integration, Staatsinstitut für Frühpädagogik, 2017, S. 45
[59] Amt für Ernährung, Landwirtschaft und Forsten Würzburg, 2015, S. 7

Lebensmittel können bei der Eigenversorgung regional und ökologisch erzeugt sein, was weiterhin zu einer sehr guten Qualität der enthaltenen Nährstoffe beiträgt. [60] Eine optimale Versorgung der Kinder mit Vitalstoffen unterstützt sie in ihrer Leistungsfähigkeit, Konzentrationsfähigkeit, muskulärer Ausdauer und dem körperlichen Wachstum.

Da die Wünsche und Ideen der Kinder (Partizipation) bei der Speiseplangestaltung leicht umzusetzen sind und außerdem Nahrungsmittelallergien, -unverträglichkeiten und religiöse Ernährungssitten berücksichtigt werden können, ist die Eigenversorgung für die Eltern oft ein Kriterium für die Wahl der Kindertagesstätte. Der Bayerische Bildungs- und Erziehungsplan sieht es als wünschenswert an, wenn Kinder bei der Speisenherstellung (Kochen, Backen, Braten usw.) zuschauen können. Dies ist bei einer Frischküche möglich und kann sogar ins ernährungspädagogische Konzept aufgenommen werden. Kinder erleben so eine größerer Wertschätzung Lebensmitteln und zubereiteten Speisen gegenüber. Sie riechen den Duft unterschiedlicher Speisen und lernen Geschmacksvielfalten kennen, beides prägt gerade 3- bis 6-jährige Kinder enorm. Ein weiterer Vorteil der Eigenversorgung ist die Möglichkeit die verwendeten Zutaten, zumindest einige davon mit den Kindern zusammen einzukaufen. Dadurch wird ein Bezug zum Weg der Lebensmittel vom Erzeuger über den Handel in die Küche auf den Teller hergestellt. [61]

6.4 Gesundes Frühstück – Kennenlernen neuer Lebensmittel

Ein neuer Tag sollte mit einem reichhaltigen und sättigenden Frühstück beginnen, denn niemand kann sich körperlich oder geistig anstrengen, wenn er hungrig ist. Da in einer Kindertagesstätte alle Kinder am frühen Morgen zusammenkommen, ist es sinnvoll ein gemeinsames Frühstück in den Tagesablauf einzubauen. Um im Sinne der Gesundheitsbildung zu agieren, sollte hier auf eine immer gleiche Routine, die Einhaltung von Tischsitten sowie gesundheitsfördernden Lebensmitteln geachtet werden. Zur alltäglichen Routine zählt das Händewaschen vor und nach dem Essen, dies dient der Bildung eines Gesundheitsbewusstseins. [62] Während des Essens sollten gewisse Regeln eingehalten werden, damit jedes Kind die Möglichkeit bekommt sein Essen geschmacklich wahrzunehmen [63] sowie zu bemerken welche Menge gegessen wird. Dies ist nur möglich, wenn ein gewisser Geräuschpegel nicht überschritten wird und jegliche Störungen (wie z.B. Schreien, Umherrennen, über den Tisch auf einen anderen Teller greifen usw.) mittels vorheriger Erläuterungen verboten werden. Tischgespräche sollten erlaubt sein. Um den Kindern ein Vorbild zu sein, sollten die pädagogischen Mitarbeiter mit den Kindern am Tisch sitzen und ebenfalls (etwas Gesundes) frühstücken. Wird das „gesunde Frühstück" von der

---

[60] Amt für Ernährung, Landwirtschaft und Forsten Würzburg, 2015, S. 11
[61] ebd.
[62] Bayerisches Staatsministerium für Arbeit und Soziales, Familie und Integration, Staatsinstitut für Frühpädagogik, 2017, S. 48
[63] Jaszus, Büchin-Wilhelm, Mäder-Berg, Gutmann, 2014, S. 207-208

Kindertagesstätte gesteuert, sollte auf Abwechslung und Sättigung Wert gelegt werden. Diese wird erreicht, wenn ballaststoffreiche Kohlenhydratquellen (wie z.B. Vollkornbrot, Haferflocken, Kleie, Körner usw.) mit eiweißreichen Lebensmitteln kombiniert werden. Beispiele hierfür werden folgend aufgeführt.

Tab. 1: Beispiele ballaststoffreicher Kohlehydratquellen in Kombination mit eiweißreichen Lebensmitteln

selbstgemachtes Müsli (Haferflocken, Körnermix, Honig) mit Joghurt
Mehrkorn- oder Vollkornbrot mit Butter
Mehrkorn- oder Vollkornbrot mit Butter und Schnittlauch
Mehrkorn- oder Vollkornbrot mit Butter und Ei (hartgekocht oder Rührei)
Joghurt mit gekochten Dinkelkörnern und Obststücken
Milchreis mit Obst
Grießbrei mit Butter und Obst
selbstgemachter Bananenquark

Die Kindertagesstätte ist ein Ort an dem Kinder außerdem neue Lebensmittel kennenlernen dürfen, Lebensmittel, die es zuhause aufgrund von finanziellen Engpässen oder anderer Esskultur nie geben würde. Hier sollte man die Hierarchie der kleinen Schritte beachten und neue Lebensmittel anfangs lediglich anbieten, aber keinesfalls deren Verzehr erzwingen. Auch diese Erfahrung mit unbekannten Lebensmitteln trägt zur Bildung eines Gesundheitsbewusstseins [64] bei.

6.5 Elternarbeit

Eine Bildungspartnerschaft zwischen den Eltern und der Kindertagesstätte sollte grundsätzlich bestehen und stets offen und gegenseitig bereichernd wirken. Bei einer Kindertagesstätte mir Ernährungsausrichtung ist es zwingend notwendig die Eltern der Kinder einzubinden und über diese Ausrichtung zu unterrichten. Dies kann bereits bei der

---

[64] Bayerisches Staatsministerium für Arbeit und Soziales, Familie und Integration, Staatsinstitut für Frühpädagogik, 2017, S. 48

Anmeldung eines neuen Kindes in Form eines Informationsblattes erfolgen, aus welchem hervorgeht, dass stark verarbeitete Lebensmittel (z.B. süße Joghurts, süße Snacks, süße Getränke) oder verpackte Lebensmittel in der Kindertagesstätte nicht erwünscht sind. Weiterhin kann das pädagogische Fachpersonal Elternabende abhalten, bei denen die gesunde Ernährung thematisiert wird. Außerdem sind Ausflüge zu lebensmittelherstellenden Betrieben, Bauernhöfen oder Spaziergänge zu landwirtschaftlich genutzten Ackerflächen eine Möglichkeit Eltern einzuladen und im weitesten Sinne auch hier eine Ernährungsbildung durchzuführen. Kochnachmittage mit den Eltern bringen Spaß, zeigen das Interesse der Kindertagesstätte am Thema Ernährung und tragen zu einer gelingenden Bildungspartnerschaft [65] bei.

6.6 Partizipation für die Qualität der Gesundheitsbildung

„Partizipation der Kinder erweist sich als Kernelement einer zukunftsweisenden Bildungspraxis [...]. Bildungsprozesse, die Kinder und Erwachsene gemeinsam planen und gestalten, fordern und stärken die Kinder in ihrer gesamten Persönlichkeit und steigern ihren Lerngewinn [...]." [66] Auch innerhalb der Gesundheitsbildung ist Partizipation möglich. Folgende Übersicht zeigt einige Varianten.

Tab 2: Übersicht über gelingende Partizipation innerhalb der Gesundheitsbildung

Themenbereiche	Beispiele
im Alltag	Mitgestaltung der Speisenplanung, gemeinsames Einkaufen, Kinderbefragung bei den Angeboten der Ernährungsbildung
bei den Projekten mit Kindern	Speiseraum umgestalten
bei der Übertragung von Verantwortungsbereichen	Tischdienst
bei der Regelgestaltung	Verhalten bei den Mahlzeiten
beim offenen oder halboffenen Konzept	gleitende Mahlzeiten

---

[65] Bayerisches Staatsministerium für Arbeit und Soziales, Familie und Integration, Staatsinstitut für Frühpädagogik, 2017, S. 434-435
[66] Reichert-Garschhammer, 2011, S. 53

Auf zwei der oben aufgeführten Beispiele für Partizipation innerhalb der Gesundheitsbildung, soll nun näher eingegangen werden. Zunächst soll die Speisenplanung betrachtet werden, ganz speziell die Speisenplanung eines gesunden Frühstücks.

Sinnvoll ist es, die Kinder nicht mehr als zwei Tage vor einem gesunden Frühstück eine Auswahl treffen zu lassen. Somit ist es noch präsent. Die Kinder können beispielsweise in einem stattfindenden Morgenkreis nach zwei Frühstücksalternativen gefragt werden und mit Handzeichen abstimmen. Die abgezählte Mehrheit entscheidet darüber, welches Frühstück es geben wird. Mit dieser Partizipation kann es gelingen, Kinder, die häufig unbekannte Lebensmittel von Grund auf ablehnen, durch die Entscheidung der Gruppe dazu zu bewegen wenigstens zu probieren und später immer mehr davon zu essen. Entscheidet eine pädagogische Mitarbeiterin über die Lebensmittel des gesunden Frühstücks, fehlt die Gruppendynamik an dieser Stelle. Diese Mitbestimmung fördert das Einbringen und Festigen/Stärken der eigenen Meinung (sollte es Kinder geben, die sich darüber beschweren, dass es nicht geschmeckt hat), das Erfahren, dass man auf seine Umwelt Einfluss nehmen kann, das Aushalten, dass die eigene Meinung unter Umständen nicht zum Tragen kommt uvm. [67]

Ein zweites Beispiel der Partizipation innerhalb der Gesundheitsbildung, welches näher betrachtet werden soll, ist die Gestaltung des Speiseraumes. Begonnen werden kann diese Mitbestimmung bei der Findung eines geeigneten Namens für den Speiseraum (z.B. Bärenrestaurant, Knusperecke usw.). Darüber hinaus kann über ein Wandmotiv abgestimmt werden, welches später auch von den Kindern unter Anleitung der pädagogischen Mitarbeiter selbst aufgemalt werden sollte. Dadurch werden die Feinmotorik [68] und die Selbstwirksamkeit [69] gefördert. Da der Kreativität keine Grenzen gesetzt sind, können außerdem saisonale Tischdekorationen selber gebastelt werden. Die Abstimmung darüber kann ebenfalls einbezogen werden. Mit der Neugestaltung eines gesamten Raumkonzeptes kommen nahezu alle positiven Aspekte der Partizipation zum Tragen.

---

[67] Bayerisches Staatsministerium für Arbeit und Soziales, Familie und Integration, Staatsinstitut für Frühpädagogik, 2017, S. 392
[68] Bayerisches Staatsministerium für Arbeit und Soziales, Familie und Integration, Staatsinstitut für Frühpädagogik, 2017, S. 48
[69] Bayerisches Staatsministerium für Arbeit und Soziales, Familie und Integration, Staatsinstitut für Frühpädagogik, 2017, S. 45

7 Zusammenfassung

Eine gesunde Ernährung in Kindertagesstätten ist eine Grundhaltung weiteren Themen gegenüber und bildet ein komplexes Geflecht, welches im besten Fall ausschließlich positive Auswirkungen auf des jeweilige Kind hat. Themengebiete, die mit „gesunder Ernährung" einhergehen sind: Gesundheitsbildung und Ernährungsbildung. Im Optimalfall kann sich ein Kind durch stetige Angebote aus diesen genannten Themenkomplexen Selbstwirksamkeit, Selbstbestimmung, Eigenverantwortung sowie ein positives Selbstkonzept für sich aneignen. Weiterhin erlebt es dadurch Partizipation und wird in seiner Feinmotorik, Haptik, Geschmacksbildung und Wertschätzung Lebensmitteln gegenüber geschult.

8 Literaturverzeichnis

Amt für Ernährung, Landwirtschaft und Forsten Würzburg: Leitfaden Frischküche in der Kita – Selbstkochen in der Kita – so geht's!, 1. Auflage, Amt für Ernährung, Landwirtschaft und Forsten Würzburg, Würzburg, 2015.

Bayerisches Staatsministerium für Arbeit und Soziales/Familie und Integration, Staatsinstitut für Frühpädagogik (Hrsg.): Der Bayerische Bildungs- und Erziehungsplan für Kinder in Tageseinrichtungen bis zur Einschulung, 8. Auflage, Cornelsen Verlag GmbH, Berlin, 2017.

Deutsche Gesellschaft für Ernährung e.V.: DGE-Qualitätsstandard für die Verpflegung in Kindertageseinrichtungen für Kinder, 3. Auflage, Deutsche Gesellschaft für Ernährung e.V., Bonn, 2011.

Eichner, Mirko: Elternhaus und Kita Hand in Hand – Partnerschaft für ein gesundes Aufwachsen, in: Gesunde Kita – Starke Kinder, hrsg. v. Plattform Ernährung und Bewegung, 1. Auflage, Cornelsen Verlag Scriptor GmbH & Co. KG, Berlin, 2011, S. 43-45.

Wustmann-Seiler, Corina: Was ist Resilienz?, in: Beiträge zur Bildungsqualität: Resilienz: Widerstandsfähigkeit von Kindern in Kindertageseinrichtungen fördern, hrsg. v. Fthenakis, Wassilios Emmanuel, Cornelsen Scriptor, Berlin, 2004, S. 18.

Grünewald-Funk, Dorle: Gesund aufwachsen, in: Gesunde Kita – Starke Kinder, hrsg. v. Plattform Ernährung und Bewegung, 1. Auflage, Cornelsen Verlag Scriptor GmbH & Co. KG, Berlin, 2011, S. 17.

Grünewald-Funk, Dorle: Essen und Trinken – Gesundheit und Lernen im Alltag, in: Gesunde Kita – Starke Kinder, hrsg. v. Plattform Ernährung und Bewegung, 1. Auflage, Cornelsen Verlag Scriptor GmbH & Co. KG, Berlin, 2011, S. 21-22.

Hammerbacher, Ruth: Reader zur Netzwerktagung – Kitas und Eltern, Partner für einen gesunden Lebensstil der Kinder, abgerufen unter: www.yumpu.com/de/document/view/8010670/reader-der-netzwerkkonferenz-kitas-und-eltern-hammerbacher [11.05.2018]

Jaszus, Rainer/Büchin-Wilhelm, Irmgard/Mäder-Berg, Martina/Gutmann, Wolfgang: Sozialpädagogische Lernfelder für Erzieherinnen und Erzieher, Holland + Josenhans GmbH & Co. KG, Stuttgart, 2014.

John, Marfa: Gesundheitsförderung – ein Thema mit vielen Facetten, in: Gesunde Kita – Starke Kinder, hrsg. v. Plattform Ernährung und Bewegung, 1. Auflage, Cornelsen Verlag Scriptor GmbH & Co. KG, Berlin, 2011, S. 82.

Katholische Kindertagesstätte St. Martin: Bewegung und gesunde
Ernährung/Pluspunkternährung, abgerufen unter: www.st-martin-
kindertagesstaette.de/11-bewegung-und-gesunde-ernaehrung-pluspunkternaehrung/
[26.06.2018]

Kersting, Martin/Przyrembel, H.: Normale Ernährung von Neugeborenen, Säuglingen,
Kindern und Jugendlichen, in: Pädiatrie, hrsg. v. Hoffmann, Georg/Lentze,
Michael/Spranger, Jürgen/Zepp,Fred, 4. Auflage, Springer-Verlag, Berlin-Heidelberg,
2014, S. 237.

Kita am Fliess: Ernährungskonzeption, abgerufen unter: www.kita-am-
fliess.de/ernaehrungskonzeption/ [26.06.2018]

Kita Josefinum: Verpflegungskonzept Kita Josefinum, abgerufen unter:
www.kitajosefinum.de/fileadmin/user_upload/kitajosefinum/Bilder/Dokumente/Verpfle
gungskonzept_KiTa_Josefinum.pdf [26.06.2018]

Kita-Verbund Kleinmachnow: Gesunde Ernährung im Kita-Verbund Kleinmachnow,
abgerufen unter: www.kita-verbund-kleinmachnow.de/pdf/konzepte/kitaverbund/KITA-
Verbund_Konzept-Ernaehrung.pdf [26.06.2018]

Klotter, Christoph: Einführung Ernährungspsychologie, Ernst Reinhardt, GmbH & Co KG,
Verlag, München, 2007.

Kröner, Carolin/Koletzko, Berthold: Basiswissen Pädiatrie, Springer-Verlag, Berlin
Heidelberg, 2010.

Lambeck, Andrea: Einführung: Aus der Praxis für die Praxis, in: Gesunde Kita – Starke
Kinder, hrsg. v. Plattform Ernährung und Bewegung, 1. Auflage, Cornelsen Verlag
Scriptor GmbH & Co. KG, Berlin, 2011, S. 13.

Lentze, Michael: Malnutrition (Unterernährung), in: Pädiatrie, hrsg. v. Hoffmann,
Georg/Lentze, Michael/Spranger, Jürgen/Zepp,Fred, 4. Auflage, Springer-Verlag,
Berlin-Heidelberg, 2014, S. 256.

Methfessel, Barbara/Höhn, Kariane/Miltner-Jürgensen, Barbara: Essen und
Ernährungsbildung in der KiTa, 1. Auflage, W. Kohlhammer GmbH, Stuttgart, 2016.

Nationales Qualitätszentrum für Ernährung in Kita und Schule: Kita – Ernährung – Zahlen &
Fakten, abgerufen unter: www.nqz.de/kita/zahlen-fakten/ [27.06.2018]

Pfütze, Ilka/Wesling, Sabine/Hammerbacher, Ruth: Projektbeschreibung „Gesunde Kitas –
starke Kinder", in: Gesunde Kita – Starke Kinder, hrsg. v. Plattform Ernährung und
Bewegung, 1. Auflage, Cornelsen Verlag Scriptor GmbH & Co. KG, Berlin, 2011, S.
78-79.

Reichert-Garschhammer, Eva: Gesundheitsbildung in den Bildungsplänen, in: Gesunde Kita
– Starke Kinder, hrsg. v. Plattform Ernährung und Bewegung, 1. Auflage, Cornelsen
Verlag Scriptor GmbH & Co. KG, Berlin, 2011, S. 53.

Schlack, Hans G./Brockmann, K.: Einfluss sozialer Faktoren auf Gesundheit und Entwicklung
von Kindern, in: Pädiatrie, hrsg. v. Hoffmann, Georg/Lentze, Michael/Spranger,
Jürgen/Zepp,Fred, 4. Auflage, Springer-Verlag, Berlin-Heidelberg, 2014, S.154.

Wabitsch, Martin: Adipositas, in: Pädiatrie, Hoffmann, hrsg. v. Georg/Lentze,
Michael/Spranger, Jürgen/Zepp,Fred, 4. Auflage, Springer-Verlag, Berlin-Heidelberg,
2014, S. 252.

8 Tabellen-, Abbildungsverzeichnis

8.1 Tabellenverzeichnis

8.2 Abbildungsverzeichnis